Gestaltung einer rationalen Marktwirtschaft

Gemeinsam können wir die Welt zum Besseren verändern

Walter Ponner

©2017 Walter Ponner

Umschlaggestaltung, Illustration: tradition GmbH, Hamburg

Verlag: tradition GmbH, Hamburg

ISBN 978-3-7439-4875-4 (Paperback)

ISBN 978-3-7439-4876-1 (Hardcover)

ISBN 978-3-7439-4877-8 (e-Book)

Bibliografische Information der Deutschen Nationalbibliothek: Die Deutsche Nationalbibliothek verzeichnet diese Publikation in der Deutschen Nationalbibliografie; detaillierte bibliografische Daten sind im Internet über http://dnb.d-nb.de abrufbar.

Inhaltsverzeichnis

Ein kleiner Anfang, der aber Epoche macht, indem
er der Denkungsart eine ganz neue Richtung gibt,
ist wichtiger als die ganze unabsehliche Reihe von
darauffolgenden Weiterungen der Kultur.

Immanuel Kant

1 Einleitung

In vielen Veröffentlichungen der Printmedien sowie in Talks-
hows und Sendungen zum Zeitgeschehen werden sozio - ökonomische Missstände in profitorientierten Marktwirtschaften
wie Bankenkrise, Harz IV, Leiharbeit, unzureichende Renten-
sicherung, wachsende Ungleichheit bei den Einkommen, Bre-
xit und Wirtschaftskrisen in Ländern der Europäischen Union
umfangreich und detailliert dargestellt, ohne jedoch schlüssi-
ge Antworten darauf zu geben, wie die anstehenden Probleme, u.a. in Bezug auf Arbeitslosigkeit, Armut und Chancengleichheit, einer dauerhaften Lösung zugeführt werden können. Manche Volkswirte sind der Auffassung, dass sich die zu
beobachtenden Defizite durch die Förderung eines volkswirt-
schaftlichen Wachstums und das Zusammenspiel der Markt-
kräfte von selbst beheben. Andere setzen darauf, dass durch
die Umverteilung der Einkommen von Oben nach Unten soziale Sicherheit und Gerechtigkeit erreicht werden können. Manche machen die Gier der Manager für ökonomische Entgleisungen in der Volkswirtschaft, wie z.B. bei der Bankenkrise,
verantwortlich und hoffen durch Regulierung der Prozessorga-
nisation im Finanzwesen derartige Situationen auszuschließen.
Aber auch durch erzwungene Sparmaßnahmen soll in ökonomisch instabilen Ländern ein wirtschaftlicher Strukturwandel
herbeigeführt werden, um deren Volkswirtschaften zu stabilisieren. Alle diese Denkansätze sind unbefriedigend, weil sie
einer logischen Prüfung auf Schlüssigkeit nicht standhalten.
Die Konzepte und Vorstellungen der etablierten Parteien in
Europa sind offensichtlich für eine Behebung derartiger öko-
nomischer Fehlentwicklungen ungeeignet, weil im Verlaufe von
Jahrzehnten weder Chancengleichheit noch soziale Sicherheit
trotz vollmundiger Versprechungen hergestellt wurden und die
Gesellschaft tiefer gespalten ist als je zuvor.

Besonders deutlich tritt die ökonomische Misere im gegenwärtigen Zustand der Europäischen Union zu Tage. Da stellt sich die Frage: was kennzeichnet die ökonomischen Beziehungen der Mitgliedsländer? Die Frage ist einfach zu beantworten. Gemeinsam haben sie eine profitorientierte Marktwirtschaft, einen gemeinsamen Binnenmarkt und zum großen Teil eine gemeinsame Währung. Damit haben sie aber auch ein gemeinsames Schicksal in Form einer nicht behebbaren sozio-ökonomischen Instabilität, wenn nicht ein erforderlicher Paradigmenwechsel, auf den ich zu einem späteren Zeitpunkt eingehen werde, auf demokratischer Basis vollzogen wird.

Das heutige Europa ist ein Europa der Finanzoligarchie und des Kapitals, es ist weit davon entfernt das gemeinsame Land der Völker Europas zu sein, wie die gegenwärtigen Zerfallserscheinungen in der Europäischen Union zeigen. Diese Zerfallserscheinungen sind das Resultat einer in allen Länder der Europäischen Union vorherrschenden profitorientierten Marktwirtschaft in einem gemeinsamen Wirtschafts- und Währungsraum, infolge dessen weniger wettbewerbsfähige Volkswirtschaften immer mehr das Nachsehen gegenüber erfolgreicheren Volkswirtschaften haben.

Ein Paradigmenwechsel in Politik und Ökonomie ist zwingend erforderlich, um katastrophale soziale Turbulenzen, wenn nicht sogar Kriege, in Zukunft zu vermeiden. Noch haben wir die Chance auf demokratischem Wege einen solchen Wechsel vorzubereiten und schrittweise umzusetzen, damit sozialen Entgleisungen wie Chauvinismus, Fremdenhass, Antisemitismus und erblicher Armut der Nährboden entzogen wird. Noch immer gilt die Lebenserfahrung, dass das Sein das Bewusstsein bestimmt. Hier sind auch die Gründe dafür zu suchen, dass der Populismus im Vormarsch ist. Es genügt einfach nicht die sozio-ökonomischen Zustände in der Welt zu beschreiben, wir müssen sie verändern. Wer wäre besser geeignet der Menschheit Wege in eine friedliche, gemeinsame Zukunft aufzuzeigen als die Länder Europas mit ihrer kulturellen Vielfalt und ih-

2

ren historischen Erfahrungen? Ökonomische Alleingänge, egal welche Länder sie auch immer anstreben mögen, bieten keine Möglichkeiten für soziale Sicherheit, Chancengleichheit und wirtschaftliche Stabilität.

In der Ökonomie ist es ähnlich wie beim globalen Umweltschutz. Entweder die Völker der Welt lösen die anstehenden Probleme gemeinsam, oder die Menschheit hat keine Chance auf eine gesicherte Zukunft. Ein Änderung der gesamtgesellschaftlichen Systemorganisation ist angezeigt, wenn sich die Menschheit aus der Knechtschaft von Armut und sozialer Ungerechtigkeit befreien will. Alle Versuche einen sozio - ökonomischen Paradigmenwechsel mit den Zielsetzungen „Chancengleichheit" und „soziale Sicherheit für alle" zu vollziehen waren in der Vergangenheit nicht erfolgreich. Wie wir sehen werden, spielt der Umgang mit den möglichen Eigentumsformen an Produktionsmitteln und deren Stellenwert im Wirtschaftsgeschehen eine entscheidende Rolle bei der Optimierung der ökonomischen und sozialen Verhältnisse zum Wohle aller Mitglieder des Gemeinwesens.

Anmerkung

In „Ratio versus Profit"[1] habe ich aus meiner Sicht die Ursachen für die sozio - ökonomischen Instabilitäten rein profitorientierter Marktwirtschaften untersucht und gezeigt, dass bei Beibehaltung dieser gesamtgesellschaftlichen Systemorganisation weder Chancengleichheit noch soziale Sicherheit für alle Mitglieder eines Gemeinwesens aus objektiven Gründen gewährleistet werden können. Im Zusammenhang damit habe ich realitätsnahe, kompakte, mathematisch und grafisch unterlegte Systemmodelle zur Beschreibung der ökonomischen Prozesse in profitorientierten Marktwirtschaften dargestellt, an-

---

[1] Walter Ponner, Ratio versus Profit, Verlag tredition GmbH Hamburg, 2016

hand dieser Modellvorstellungen die sozio-ökonomischen Ent-
wicklungstendenzen profitorientierter Marktwirtschaften ana-
lysiert und die Anforderungen an eine rationale Marktwirt-
schaft skizziert, in der soziale Gerechtigkeit zum Allgemeingut
werden könnte.

Die vorliegenden Schrift ist thematisch eng an „Ratio ver-
sus Profit" angelehnt, jedoch mit einer anderen Setzung der
Schwerpunkte. Es war mir wichtig zu analysieren, weshalb in
der Neuzeit alle Versuche zur Errichtung einer gerechteren
Gesellschaft gescheitert sind und welche Bedeutung dabei u.a.
dem Eigentum an Produktionsmitteln zukommt. Wenn wir die
Welt zum besseren verändern wollen, ist es mit einer Zustands-
analyse der Gesellschaft nicht geschehen. Deshalb habe ich den
Versuch unternommen, Möglichkeiten für einen Paradigmen-
wechsel aufzuzeigen. Teilweise greife ich dabei auf Aussagen in
„Ratio versus Profit" zurück, ohne jeweils im Einzelfall darauf
hinzuweisen. Ausdrücklich möchte ich unterstreichen, dass es
sich bei dieser Niederschrift um eine theoretische Arbeit han-
delt. Ich überlasse es bewusst dem Leser selbst zu überprü-
fen, inwieweit die Analyseergebnisse ihre Widerspieglung in
der Praxis finden.

2 Über das Eigentum allgemein und über die Rolle des Privateigentums an Produktionsmitteln in einer proletarischen Revolution

Eigentum ist ein Synonym für die allumfassende Verfügungsgewalt einer Personen, einer eingegrenzten Personengruppe oder der Allgemeinheit über sachliche bzw. ideelle Güter, d.h. der Eigentümer kann im Rahmen der gültigen gesetzlichen Regelungen und Vorschriften nach Belieben über die Modalitäten der Verwendung seines Eigentums entscheiden. Sachgüter sind stoffliche Güter, die als Individualgüter, Kollektivgüter, Dienstleistungssachgüter und Produktionsmittel genutzt werden. Im Gegensatz dazu sind immaterielle Güter nicht stoffliche Güter. Dazu zählen u.a. Nutzungsrechte an Musik, an Texten, an Filmen und an Software sowie Patente. Die Verfügungsgewalt über Güter kann in privater als auch in öffentlicher Hand, d.h. in der Hand der Allgemeinheit liegen. Entsprechend kann man zwischen Privateigentum und Allgemeineigentum unterscheiden. Privateigentum kann einer einzelnen Person oder einer eingegrenzten Gruppe von Personen gehören, die untereinander in einem bestimmten Interessenverhältnis stehen. Allgemeineigentum gehört einem Gemeinwesen wie einer Gemeinde, einer Stadt oder einem Land. Der Begriff Eigentum ist letztlich eine abstrakte juristische Kategorie, die ihre reale Widerspieglung in der konkreten Zuordnung der totalen Verfügungsgewalt über die jeweiligen Güter unter Beachtung der gültigen gesellschaftlichen Normen erfährt.

Im alltäglichen Sprachgebrauch werden die Begriffe Eigentum und Besitz häufig im gleichen Sinne gebraucht, um kundzutun, wem, was gehört, obwohl sie aus juristischer Sicht inhaltlich nicht identisch sind. Besitz ist gekennzeichnet durch die unmittelbare Nutzung von Gütern, egal durch wen. Nutzt der Eigentümer ihm gehörende Güter selbst wird er gleichzeitig zum Besitzer. Er kann aber auch die Verfügungsgewalt über Güter teilweise auf einen anderen Nutzer übertragen, dann bleibt er zwar Eigentümer der Güter, während der andere Nutzer zum Besitzer wird. Deutlich wird dieser Sachverhalt am Beispiel einer Mietwohnung. Vermietet ein Eigentümer eine seiner Wohnungen, wird der Mieter zum Besitzer, während der Vermieter Eigentümer der Wohnung bleibt. Nutzt der Eigentümer seine Wohnung selbst, wird er automatisch auch zum Besitzer. Ähnlich verhält es sich mit der Arbeitskraft eines Menschen, der über sich frei verfügen kann. Er vermietet seine Arbeitskraft an einen Unternehmer zu dessen Nutzung. Dabei bleibt der Mensch Eigentümer seiner Arbeitskraft, während der Unternehmer zum zeitweiligen Besitzer der Arbeitskraft wird.

Gleichgültig um welche konkrete Art von Eigentum und Besitz es sich auch handelt, dahinter verbergen sich immer Menschen mit ihren Interessen, Fähigkeiten und charakterlichen Eigenschaften. Der Mensch ist Individuum und soziales Wesen zugleich. Der Einzelne kann nur im Schoße des Gemeinwesens überleben. Folglich kann er sich auch nur als integraler Bestandteil des Gemeinwesens unter Nutzung seiner persönlichen Fähigkeiten und bei Beachtung der gesellschaftlichen Rahmenbedingungen sowie Gegebenheiten der Umwelt entfalten.

Das Streben nach Handlungsfreiheit, persönlichem Eigentum und sozialer Sicherheit ist eine inhärente und objektiv bedingte Eigenschaft des Individuums, allein schon deshalb, weil der Mensch in seiner Entwicklungsgeschichte aus den verschiedensten Gründen, sei es die Nahrungsbeschaffung oder die Abwehr anderer, konkurrierender bzw. feindlich gesinnter Individuen, immer wieder gezwungen war, eigenständig Entscheidungen zu treffen um zu überleben bzw. seine Überlebenschancen zu erhöhen. Das Streben nach persönlichem Eigentum, sozialer Sicherheit und individueller Entfaltung bestimmt auch heute weitgehend die Wünsche und Verhaltensweisen der Menschen. Trotz Handlungsfreiheit und Demokratie, trotz der de jure verbrieften Möglichkeiten zur freien Entfaltung des Individuums, muss man de facto feststellen, dass die Schere zwischen Arm und Reich auch in den Demokratien westlicher Prägung immer weiter auseinander geht und die soziale Unsicherheit für immer mehr Menschen zum Alltag gehört.

In einer sozio - ökonomischen Gesellschaftsstruktur, in der die profitorientierte Marktwirtschaft zum dominierenden Wirtschaftsprinzip erhoben wurde, sind „Chancengleichheit und soziale Sicherheit für alle" als Allgemeingut nicht realisierbar. Die Ursachen dafür liegen insbesondere in den ökonomischen Auswirkungen der umgekehrten Proportionalität zwischen Arbeitskräftebedarf und Arbeitsproduktivität unter profitorientierten Wettbewerbsbedingungen. Diese umgekehrte Proportionalität ist objektiv bedingt und kann durch Niemanden und Nichts aufgehoben werden und führt in der Perspektive dazu, dass vor allem die Produktivkraft Mensch in ihrer Entwicklung ausgebremst wird. Verbleiben letztlich das Privateigentum an Produktionsmitteln einschließlich der notwendigerweise profitorientierten Wettbewerbsbedingungen, d.h. die Produktionsverhältnisse, an denen man etwas ändern kann und muss, um der sozialen Gerechtigkeit, im Sinne von „Chancengleichheit und sozialer Sicherheit für alle" zu einem dauerhaften Durchbruch zu verhelfen.

Das Privateigentum an Produktionsmitteln spielt eine zentrale Rolle in der Revolutionstheorie von Karl Marx und Friedrich Engels. Es geht konkret um den Privatbesitz an Betriebsmitteln wie Maschinen, Vorrichtungen, Werkzeuge, Gebäude und Grundstücke, mit deren Hilfe Produktionsleistungen erbracht werden und um Werkstoffe wie Rohstoffe, Hilfsstoffe, Halbfabrikate, Betriebsstoffe und Reparaturmaterialien, die bei der Durchführung von Produktionsleistungen benötigt werden. Mit

Hilfe dieses Eigentums kann eine spezifische Ware, nämlich die Arbeitskraft, dazu genutzt werden, mehr an Wert zu erzeugen, als sie selbst an Eigenwert besitzt. Warum das so ist und wohin dieser Sachverhalt in letzter Konsequenz führt, haben Marx und Engels mit zwingender Logik in ihren Werken aufgezeigt und nachgewiesen.

Marx und Engels kamen im Ergebnis ihrer sozio - ökonomischen Analyse des Kapitalismus zu der Erkenntnis, dass eine Arbeiterrevolution die unabdingbare Voraussetzung für die Schaffung eines sozial gerechten Gemeinwesens ist und, wenn sie erfolgreich sein soll, u.a. an die Erfüllung folgender Kriterien gebunden ist:[2]

- Eroberung der politischen Herrschaft durch das Proletariat.
- Schrittweise Abschaffung des Privateigentums an Produktionsmitteln.
- Expropriation des Grundeigentums.
- Schaffung eines staatlichen Monopols in der Kreditwirtschaft.
- Gleicher Arbeitszwang für alle.
- Öffentliche und unentgeltliche Erziehung aller Kinder.
- Gestaltung der Revolution als permanenten Prozess „ ... *bis alle mehr oder weniger besitzenden Klassen von der Herrschaft verdrängt sind, die Staatsgewalt vom Proletariat erobert und die Assoziation der Proletarier nicht nur in einem Lande, sondern in allen herrschenden Ländern der Welt so weit vorgeschritten ist, daß die Konkurrenz der Proletarier in diesen Ländern aufgehört hat und daß*

---

[2]Karl Marx und Friedrich Engels, Manifest des Kommunistischen Partei, Ausgewählte Schriften, Band 1, Seite 42, Dietz Verlag Berlin, 1959

wenigstens die entscheidenden produktiven Kräfte in den Händen der Proletarier konzentriert sind.".[3]

Durch die ausdrückliche Forderung nach annähernder Gleichzeitigkeit der proletarischen Revolutionen in allen herrschenden Ländern der Welt und dem Aufruf „Proletarier aller Länder vereinigt euch!" als Schlusssatz im „Manifest der Kommunistischen Partei" wird durch Marx und Engels hervorgehoben, dass die Welt nicht teilbar ist und der angestrebte sozioökonomische Paradigmenwechsel nur vollzogen werden kann, wenn dafür die objektiven als auch subjektiven Voraussetzungen in allen herrschenden Ländern der Welt gegeben sind. Daraus folgt aber auch, dass Marx und Engels eine erfolgreiche proletarische Revolution in einem einzigen Land nicht für möglich gehalten haben. Der Erfolg einer Arbeiterrevolution ist schließlich nicht nur an einen Machtwechsel gebunden, sondern vor allen daran, wie es gelingt diese Macht politisch und ökonomisch zu festigen und nach und nach, fühlbar und sichtbar, zum Wohle und zur Zufriedenheit des weitaus größten Teils der Bevölkerung eines Landes unter Beachtung demokratischer Grundprinzipien auszubauen.

Aus den obigen Zitaten resultiert auch, dass durch Marx und Engels keine sofortige und umfassenden Abschaffung des Privateigentums an Produktionsmitteln gefordert wird. Sie sind der Auffassung, dass sich dieser Prozess im Verlaufe einer sozialen Revolution nach und nach vollziehen wird und dass es während dieser Periode in erster Linie darauf ankommt wenigstens die entscheidenden produktiven Kräfte in den Händen des Proletariats zu konzentrieren.

Eine historische Situation, in der die Voraussetzungen für eine proletarische Revolution nach Marx und Engels gegeben

---

[3]Karl Marx und Friedrich Engels, Ansprache der Zentralbehörde an den Bund vom März 1850, Ausgewählte Schriften, Band 1, Seite 97, Dietz Verlag Berlin, 1959

waren, ist bisher nicht eingetreten.

Die Revolutionstheorie von Marx und Engels erscheint in sich schlüssig, wenn man voraussetzt, dass die annähernde Gleichzeitigkeit proletarischer Revolutionen in allen herrschenden Ländern der Welt eine realistische Forderung ist und die Abschaffung des Privateigentums an Produktionsmitteln gesamtgesellschaftlich auf Dauer akzeptiert wird. Zweifel daran sind angebracht, wenn man bedenkt, dass seit Erscheinen der Schrift „Manifest der Kommunistischen Partei" eine derartige historische Situation nicht eingetreten ist und die Abschaffung des Privateigentums an Produktionsmitteln eine drastische Einschränkung der Handlungsfreiheit der Menschen bedeutet. Mit der Abschaffung des Privateigentums an Produktionsmitteln ist auch die Gründung von Privatunternehmen ausgeschlossen. Die persönliche Freiheit, Produkte und Dienstleistungen auf Basis eigener Ideen zu entwickeln und zu vermarkten, geht verloren. Die den Menschen innewohnenden Triebkräfte und Neigungen zur Selbstverwirklichung werden ausgebremst und die kreative Schaffenskraft weiter Teile der Bevölkerung kann sich nicht frei entfalten. Mit der Abschaffung des Privateigentums an Produktionsmittel wird die profitorientierte Marktwirtschaft durch eine Planwirtschaft ersetzt, mit der Folge, dass in vergleichbaren Zeiträumen weniger Produkt- und Dienstleistungsinnovationen den Markt bereichern werden als in einer profitorientierten Marktwirtschaft. Man kann vermuten, dass sich die Menschen mit einer derartigen Situation nicht auf Dauer zufrieden geben werden.

Die komplette Abschaffung des Privateigentums an Produktionsmitteln, d.h. die Einführung der Planwirtschaft, führt notwendigerweise zu einer Abkopplung der Volkswirtschaft eines Landes von der Weltwirtschaft, weil eine offene Planwirtschaft in einem Umfeld entwickelter offener Marktwirtschaften unterlegen und auf Dauer nicht überlebensfähig ist. Durch die Abkopplung vom Weltmarkt vergrößert sich der technisch -

technologische Rückstand immer mehr und die Breite und Qualität des Produkt- und Dienstleistungsangebots kann mit der internationalen Entwicklung nicht Schritt halten.

In diesem Zusammenhang wird auch die Forderung nach ungefährer Gleichzeitigkeit der proletarischen Revolutionen in allen herrschenden Ländern der Welt verständlich, weil auf diese Weise die marktwirtschaftliche Konkurrenz zwischen den Volkswirtschaften dieser Ländern vermieden würde und schwächere Volkswirtschaften nicht ins Abseits gerieten. Eine Kooperation der Volkswirtschaften auf gleicher Augenhöhe wäre angezeigt und müsste zum gegenseitigen Vorteil gestaltet werden.

Das Eintreten einer ungefähren Gleichzeitigkeit proletarischer Revolutionen in allen herrschenden Ländern der Welt ist infolge der Ungleichmäßigkeit der ökonomischen und politischen Entwicklung der Länder aus meiner Sicht wenig wahrscheinlich, wenn nicht sogar auszuschließen. Die sozio - ökonomischen Widersprüche zwischen den herrschenden Ländern werden sich auf Grund des internationalen Wettbewerbs und des unausweichlichen Globalisierungsprozesses immer mehr verschärfen, so dass sich die Gräben zwischen armen und reichen, aber auch zwischen den herrschenden Ländern immer mehr vertiefen. Eine revolutionäre Entwicklung in diesen Ländern könnte jedoch nur dann erfolgreich verlaufen, wenn die objektiven Voraussetzungen dafür gegeben wären, d.h. dass insbesondere die Produktivkräfte einen derartigen Entwicklungsstand erreicht haben, dass ein sozio-ökonomischer Paradigmenwechsel erfolgreich vollzogen werden könnte. Auf Grund der objektiv bedingten Ungleichmäßigkeit der ökonomischen und politischen Entwicklung der Länder kann eine solche Entwicklung ausgeschlossen werden. Die Revolutionsstrategie von Marx und Engels erscheint mir aus diesem Grunde als wenig Erfolg versprechend. Aber auch eine proletarische Revolution in nur einem einzigen Land ist, wie wir gleich sehen werden, unabhängig von seiner ökonomischen Entwicklung zum Scheitern verurteilt.

Zu Ende des 19. und Beginn des 20. Jahrhunderts haben sich die sozio-ökonomischen Widersprüche in einigen Ländern Europas so zugespitzt, dass ein revolutionärer Umschwung und die Machtergreifung durch das Proletariat in Einzelfällen, z.B. in Russland, nicht auszuschließen war. Im Unterschied zu Marx und Engels war Lenin hinsichtlich der Erfolgsaussichten einer proletarischen Revolution in wenigen kapitalistischen Ländern bzw. in einem einzelnen kapitalistischem Land folgender Auffassung:

„Die Ungleichmässigkeit der ökonomischen und politischen Entwicklung ist ein unbedingtes Gesetz des Kapitalismus. Hieraus folgt, dass der Sieg des Sozialismus zunächst in wenigen kapitalistischen Ländern oder sogar in einem einzeln genommenen Lande möglich ist. Das siegreiche Proletariat dieses Landes würde sich nach Enteignung der Kapitalisten und nach Organisierung der sozialistischen Produktion im eigenen Lande der übrigen, der kapitalistischen Welt entgegenstellen, würde die unterdrückten Klassen der anderen Länder auf seine Seite ziehen, in diesen Ländern den Aufstand gegen die Kapitalisten entfachen und notfalls sogar mit Waffengewalt gegen die Ausbeuterklassen und ihre Staaten vorgehen." [4]

„Der Sozialismus kann nicht gleichzeitig in allen Ländern siegen. Er wird zuerst in einem oder einigen Ländern siegen, andere werden für eine gewisse Zeit bürgerlich oder vorbürgerlich bleiben." [5]

„Hat das Proletariat Rußlands die Macht ergriffen, so hat es

---

[4] W.I.Lenin, Werke, Band 21, Seite 345, Über die vereinigten Staaten von Europa, Dietz Verlag Berlin, 1960

[5] W.I.Lenin, Werke, Band 23, Seite 74, Das Militärprogramm der proletarischen Revolution, Dietz Verlag Berlin, 1975

alle Aussichten, sie zu behaupten und Rußland bis zur siegrei-
chen Revolution im Westen zu führen" [6]

Diese Auffassung steht im krassen Widerspruch zur Revolutionstheorie von Marx und Engels. Die im „Manifest der Kommunistischen Partei" erörterten Kriterien für den erfolgreichen Verlauf einer proletarischen Revolution weisen eindeutig darauf hin, dass Marx und Engels die objektiv bedingte Ungleichmäßigkeit der ökonomischen und politischen Entwicklung der kapitalistischen Länder bereits ihren Überlegungen zu Grunde gelegt haben, was insbesondere in der Forderung nach annähernder Gleichzeitigkeit der proletarischen Revolutionen in allen herrschenden Ländern der Welt zum Ausdruck kommt.

In seiner Schrift „Zur Kritik der politischen Ökonomie (Vorwort)"[7] stellt Marx fest:

„Auf einer gewissen Stufe ihrer Entwicklung geraten die materiellen Produktivkräfte der Gesellschaft in Widerspruch mit den vorhandenen Produktionsverhältnissen oder, was nur ein juristischer Ausdruck dafür ist, mit den Eigentumsverhältnissen, innerhalb deren sie sich bisher bewegt hatten. Aus Entwicklungsformen der Produktivkräfte schlagen diese Verhältnisse in Fesseln derselben um. Es tritt dann eine Epoche sozialer Revolution ein. .... Eine Gesellschaftsformation geht nie unter, bevor alle Produktivkräfte entwickelt sind, für die sie weit genug ist, und neue höhere Produktionsverhältnisse treten nie an die Stelle, bevor die materiellen Existenzbedingungen derselben im Schoß der alten Gesellschaft selbst ausgebrütet worden sind."

---

[6]W.I.Lenin, Werke, Band 26, Seite 24, Die russische Revolution und der Bürgerkrieg, Dietz Verlag Berlin, 1972

[7]Karl Marx, Zur Kritik der politischen Ökonomie (Vorwort), Marx-Engels, Ausgewählte Schriften in zwei Bänden, Band 1, Seite 338, Dietz Verlag Berlin, 1959.

Die obigen Ausführungen lassen den Schluss zu, dass Marx zwar die Möglichkeit einer erfolgreichen proletarischen Revolution in einem einzelnen Land nicht in Betracht zieht, aber eine Machtergreifung durch das Proletariat und den Eintritt in eine Epoche sozialer Revolution in einem einzelnen Land für möglich hält.

Die Machtergreifung durch das Proletariat führt unter diesen Bedingungen nicht unmittelbar zu einer neuen Wirtschaftsordnung, muss aber, wenn sich die sozio - ökonomische Entwicklung des Landes erfolgreich gestalten soll, zumindest folgende Maßnahmen aus meiner Sicht berücksichtigen:

- Breite Zulassung von Privateigentum an Produktionsmitteln.

- Verwaltung gesamtgesellschaftlich relevanter Industrien und Dienstleistungsbereiche durch den Staat.

- Aktive Teilnahme am Weltmarkt.

- Sicherung der internationalen Wettbewerbsfähigkeit.

- Schaffung der Voraussetzungen für eine umfassende Bildung der Bevölkerung.

- Gewährleistung der militärischen Verteidigungsfähigkeit auf hohem Niveau.

- Stetige Anhebung des Lebensstandards sowie schrittweise Verbesserung von Chancengleichheit und sozialer Sicherheit mit dem Ziel, dass die überwiegende Mehrheit der Bevölkerung eine positive Einstellung zur Machtausübung durch das Proletariat einnimmt.

Die Auffassung Lenins, dass sich das siegreiche Proletariat eines Landes nach Enteignung der Kapitalisten und nach Organisation der sozialistischen Produktion der übrigen, der kapitalistischen Welt entgegenstellt, die unterdrückten Klassen der anderen Länder auf seine Seite ziehen, in diesen Ländern den Aufstand gegen die Kapitalisten entfachen und notfalls sogar mit Waffengewalt gegen die Ausbeuterklassen und ihre Staaten vorgehen würde, ist eine völlige Verkennung der objektiven Realität und von vornherein zum Scheitern verurteilt. Eine Revolution lässt sich nicht exportieren. Ich möchte diesen Sachverhalt nicht weiter kommentieren, allein schon deshalb, weil Lenin, ausgehend von den Erfahrungen der ersten Revolutionsjahre seine Auffassung von der Möglichkeit einer erfolgreichen proletarischen Revolution in nur einem Land korrigiert hat. Auf dem III. Kongress der Kommunistischen Internationale sagte Lenin im „Referat über die Taktik der KPR" [8] :

„Als wir seinerzeit die internationale Revolution begannen, taten wir es nicht in dem Glauben, daß wir ihrer Entwicklung vorgreifen könnten, sondern deshalb, weil eine ganze Reihe von Umständen uns veranlaßte, diese Revolution zu beginnen. Wir dachten: Entweder kommt uns die internationale Revolution zu Hilfe, und dann ist unser Sieg ganz sicher, oder wir machen unsere bescheidene revolutionäre Arbeit in dem Bewußtsein, daß wir selbst im Falle einer Niederlage der Sache der Revolution dienen und daß unsere Erfahrungen den anderen Revolutionen von Nutzen sein werden. Es war uns klar, daß ohne die Unterstützung der internationalen Weltrevolution der Sieg der proletarischen Revolution unmöglich ist. Schon vor der Revolution und auch nachher dachten wir: Entweder sofort oder sehr rasch wird die Revolution in den übrigen Ländern kommen, in den kapitalistisch entwickelteren Ländern, oder aber wir müssen zugrunde gehen. Trotz dieses Bewußtseins taten wir alles, um das Sowjetsystem unter allen Umständen und um jeden Preis aufrechtzuerhalten, denn wir wußten, daß wir nicht für uns, sondern auch für die internationale Revolution arbeiten."

---

[8]W.I.Lenin, Werke, Band 32, Seite 502-503, III. Kongreß der Kommunistischen Internationale, Referat über die Taktik der KPR, Dietz Verlag Berlin, 1982

Aber auch in Bezug auf die sofortige Abschaffung des Privateigentums an Produktionsmittel korrigierte sich Lenin mit der Einführung der „Neuen ökonomischen Politik" (NÖP), indem er die Notwendigkeit der teilweisen Zulassung einer Privatwirtschaft erkannte.

„Die Neue ökonomische Politik bedeutet ...... den Übergang zur Wiederherstellung des Kapitalismus in beträchtlichem Ausmaß. In wie großem Ausmaß, das wissen wir nicht. Konzessionen an ausländische Kapitalisten ..... Verpachtung an Privatkapitalisten - das ist eben eine direkte Wiederherstellung des Kapitalismus, und das ist mit den Wurzeln der Neuen Ökonomischen Politik verbunden."[9]

Die Neue Ökonomische Politik wurde durch Lenin gegen Widerstände in der eigenen Partei durchgesetzt und blieb bis 1928 das dominierende Instrument der politischen Wirtschaftsführung. Die NÖP wurde 1929 in der Sowjetunion durch den ersten Fünf-Jahres-Plan abgelöst, was nichts anderes bedeutete als die Einführung einer zentralen Planwirtschaft und damit die zwangsläufige Abkapselung von der Weltwirtschaft. Im Ergebnis dieser Maßnahmen kam es zu gravierenden Fehlentwicklungen, die ihren Ausdruck in Misswirtschaft, niedrigem Lebensniveau der Bevölkerung und überbordendem Bürokratismus fanden. Die Ursachen dafür wurden durch Stalin nicht in der Systemorganisation gesucht, sondern im subjektiven Versagen gesehen. Es begann die Periode der Stalinistischen Gewaltherrschaft, die unermessliches Leid über das russische Volk und die Völker der Sowjetunion brachte. Die so genannte Säuberung begann, Millionen Menschen wurden verfolgt, verurteilt, ermordet und in Zwangsarbeitslager verbannt.

---

[9]W.I.Lenin, Werke, Band 33, Seite 44-45, Die Neue Ökonomische Politik und die Aufgaben der Ausschüsse für politisch-kulturelle Aufklärung, Dietz Verlag Berlin

Beispielhaft für das Versagen einer Gesellschaftskonzeption ist der klägliche Untergang des Sozialismus in der Sowjetunion und in den Ländern des ehemaligen Ostblocks. Die eigentlichen Ursachen für das sozio-ökonomische Scheitern eines derart großen Imperiums sind in der Missachtung der objektiven Anforderungen an eine sozialistische Revolution zu suchen. Wesentliche Gemeinsamkeiten der zu diesem Imperium gehörenden Länder waren in erster Linie die Ausübung der Staatsmacht durch die jeweiligen kommunistischen Parteien und die Abschaffung des Privateigentums an Produktionsmitteln. Außerdem gehörte keines dieser Länder zu den ökonomisch herrschenden Ländern in der Welt, auch wenn die Sowjetunion militärisch als Supermacht angesehen wurde. Die Volkswirtschaften dieser Länder waren Planwirtschaften, die keinen offenen Zugang zur Weltwirtschaft zuließen. Gleichzeitig wurde die Weltwirtschaft durch erfolgreiche profitorientierte Marktwirtschaften dominiert. Unter Berücksichtigung der obigen Ausführungen war das sozio-ökonomische Scheitern der Sowjetunion und des ehemaligen Ostblocks nur noch eine Frage der Zeit.

Im Unterschied zur Sowjetunion und den Ostblockstaaten hat die Volksrepublik China einen anderen Weg beschritten. Nach dem Sieg der Kommunistischen Partei über die Kuomintang im chinesischen Bürgerkrieg wurde am 1. Oktober 1949 die Volksrepublik China ausgerufen. Zu diesem Zeitpunkt gehörte China, dessen Wirtschaft hauptsächlich durch die Landwirtschaft geprägt war, zu den ärmsten Länder der Welt. Nach sowjetischem Vorbild wurde für den Zeitraum 1953 bis 1957 der erste Fünf-Jahres-Plan in Kraft gesetzt, um vorrangig die Schwerindustrie, die Infrastruktur und den Ausbau von Bewässerungsanlagen zu fördern. Weil die wirtschaftliche Entwicklung in diesem Zeitraum unzureichend war und stagnierte, wurde durch Mao Zedong 1958 die Bewegung „Der große Sprung nach vorn" ausgerufen, die 1961 in einem wirtschaftlichen Desaster endete und abgebrochen werden musste. Mit Hilfe eines Notstandsprogramms gelang es bis 1965 die Wirtschaft wieder nach und nach zu stabilisieren. 1963 initiierte Mao Zedong die „Sozialistische Erziehungsbewegung", die in die Kulturrevolution 1966 bis 1976 mündete. Die Kulturrevolution war eine politische Kampagne, die mit massiven Menschenrechtsverletzungen einherging. In der Zeit von 1949 bis 1978 war China im weltweiten Außenhandel isoliert und hatte praktisch nur mit der Sowjetunion, Nordkorea und einigen Ostblockstaaten wirtschaftliche Beziehungen. 1978, zu Beginn der wirtschaftlichen Reformen, zählte China fast eine Milliarde Einwohner, belegte jedoch im Außenhandel weltweit den 32. Platz und produzierte nur 1% des Welthandels. In der Zeit von 1949 bis 1978 war die chinesische Volkswirtschaft durch folgende Merkmale gekennzeichnet:

- Kein Privateigentum an Produktionsmitteln.

- Organisation des Wirtschaftsgeschehens auf Basis der Planwirtschaft.

- Weitestgehende Isolation im Außenhandel, insbesondere keine Außenhandelsbeziehungen zu den wirtschaftlich international führenden westlichen Demokratien.

- Starke wirtschaftliche, wissenschaftlich-technische und technologische Rückständigkeit in Bezug auf die führenden Industriestaaten.

- Größte Armee der Welt mit 2,1 Millionen Soldaten.

Eine Beibehaltung dieser Situation hätte eine weitere Entwicklung der Leistungsfähigkeit der chinesischen Volkswirtschaft nicht nur beeinträchtigt bzw. verzögert, sondern zu eklatanten sozio- ökonomischen Verwerfungen geführt. Nach dem Tode Mao Zedongs 1976 entschloss sich die Kommunistische Partei Chinas zur Liberalisierung der Wirtschaft, um ihre Macht zu erhalten. Durch die Einleitung einer Reform -

und Öffnungspolitik im Jahre 1978 traten massive Veränderungen in der Wirtschafts- und Außenpolitik der Volksrepublik China unter Deng Xiaoping ein. Nach Angaben der Weltbank vom Februar 2014 stieg das reale Bruttoinlandsprodukt Chinas zwischen 1978 und 2014 um das 48fache, die Arbeitsproduktivität je Erwerbstätigen erhöhte sich von 1980 bis 2012 um das Neunfache, und der Exportanteil im Verhältnis zum BIP stieg von 4,5% im Jahre 1978 auf 22% im Jahre 2014.

In den Länderinformationen des Auswärtigen Amtes der Bundesrepublik Deutschland über die Wirtschaft Chinas vom November 2016 heißt es:

„China ist seit 2010 die zweitgrößte Volkswirtschaft der Welt nach den USA, seit 2014 nach Kaufkraft sogar die größte. Beim Bruttoinlandsprodukt pro Kopf liegt China mit rund 5.000 EUR im weltweiten Mittelfeld. Zudem hält China die weltweit höchsten Devisenreserven. Diese sind allerdings auf etwa 3,2 Billionen Dollar zurückgegangen und liegen damit so niedrig wie zuletzt Mitte 2012. Zudem gibt es innerhalb des Landes enorme regionale und soziale Unterschiede. China bleibt weltweit die Konjunkturlokomotive Nummer eins, das Wachstum ist aber nicht mehr zweistellig, sondern bewegt sich um die 6,5%. Seit im März 2013 die fünfte Führungsgeneration die Regierungsgeschäfte übernommen hat, wurden weitreichende Wirtschaftsreformen angekündigt (Drittes Plenum im November 2013). Die Führung schien zu akzeptieren, dass das bisherige Entwicklungsmodell nicht nachhaltig ist und Reformen Voraussetzung für neues Wachstum sind. Tatsächlich haben sich gravierende ökonomische (u.a. Überkapazitäten), soziale und ökologische Probleme angehäuft und werden sich in den nächsten Jahren noch verschärfen. Als Antwort darauf soll das Wachstum nun nachhaltiger werden. Schlüsselthemen sind dabei die Stabilisierung des Wachstums, die Modernisierung der Produktionsstrukturen sowie die Partizipation möglichst

breiter Bevölkerungsschichten an der weiteren wirtschaftlichen und gesellschaftlichen Entwicklung."

Die breite Zulassung des Privateigentums an Produktionsmittel, die Öffnung Chinas für eine weltweite Kooperation zu wirtschaftlichen, wissenschaftlich-technischen und technologischen Belangen, vor allem mit den führenden Industriestaaten der Welt, die gezielte Entwicklung der innerstaatlichen Ausbildung von Fachleuten und eine starke Förderung von Studienaufenthalten chinesischer Studenten an ausländischen Hochschulen und Universitäten, hat zu einer rasanten und beispiellosen wirtschaftlichen Entwicklung in den Jahren von 1978 bis heute geführt. China befindet sich, um mit den Worten von Karl Marx zu sprechen, in einer Epoche sozialer Revolution.

3 Die Wechselbeziehungen zwischen Arbeitsproduktivität, Arbeitskräftebedarf und profitorientiertem Wettbewerb

In „Ratio versus Profit" habe ich bereits gezeigt, dass in einer rein profitorientierten Marktwirtschaft Chancengleichheit und soziale Sicherheit nicht auf Dauer für alle Mitglieder eines Gemeinwesens geschaffen werden können, d.h. aus objektiven ökonomischen Gründen besteht nicht für alle die Möglichkeit der individuellen Teilhabe am gesellschaftlichen, kulturellen und politischen Leben.

Wie uns die Lebenserfahrung zeigt, geraten profitorientierte Marktwirtschaften, egal welche entwickelten kapitalistischen Länder wir auch betrachten, in eine paradoxe Situation. Einerseits werden wissenschaftlich - technische und technologische Erkenntnisse schnellstmöglich und effektiv zum Wohle der Menschen und Unternehmen praxiswirksam umgesetzt, andererseits werden immer mehr Menschen aus den Arbeitsprozessen verdrängt und geraten in Arbeitslosigkeit, verbunden mit einem sozialen Abstieg. Die Gesellschaft spaltet sich in der Tendenz zwangsläufig in Arm und Reich, die Einkommens- und Vermögensschere öffnet sich mehr und mehr. Der Staat muss sich zunehmend verschulden, um für einen wachsenden Teil der Bevölkerung zumindest einen minimalen sozialen Standard zu gewährleisten, wenn soziale Unruhen vermieden werden sollen. Eine beliebige profitorientierte Marktwirtschaft entwickelte sich bisher immer in Richtung einer instabilen Systemlage. Der Markt aus sich heraus kann dieses Problem offensichtlich nicht lösen. Dabei handelt es sich um ein objektives Wirkprinzip, das auf dem Zusammenspiel von Arbeitsproduktivität, Arbeitskräftebedarf und profitorientiertem Wettbewerb gründet.

Eine entscheidende Rolle bei der Sicherung der internationalen Wettbewerbsfähigkeit einer Volkswirtschaft spielt neben der Qualität und dem Preis der Erzeugnisse die Arbeitsproduktivität. Die Arbeitsproduktivität für ein einzelnes Sachgut Sg_i lässt sich wie folgt definieren:

$$AP_{j_x}^{Sg_i} = \frac{M_{j_x}^{Sg_i}}{t_{j_x}^{Sg_i}} = \frac{M_{j_x}^{Sg_i}}{Z_{j_x}^{Sg_i} \cdot C_{j_x}^{Sg_i} \cdot D_{j_x}^{Sg_i}} \qquad (1)$$

Darin sind:

$M_{j_x}^{Sg_i}$ - Jahresproduktion des Sachgutes Sg_i in Stück, Gewichtsbzw. Volumeneinheiten.

t^{Sg_i} - Gesamtarbeitszeit, die in der Wertschöpfungskette[10] zur Herstellung der Jahresproduktion $M_{j_x}^{Sg_i}$ benötigt wird.

$Z_{j_x}^{Sg_i}$ - Anzahl der Arbeitskräfte, die in der Wertschöpfungskette an der Jahresproduktion $M_{j_x}^{Sg_i}$ beteiligt sind.

$C_{j_x}^{Sg_i}$ - Anzahl der Arbeitstage pro Jahr.

$D_{j_x}^{Sg_i}$ - Dauer des Arbeitstages.

$AP_{j_x}^{Sg_i}$ - Arbeitsproduktivität bei der Herstellung einer Jahresproduktion des Sachgutes Sg_i in Menge/Zeiteinheit.

Stellt man die Gleichung nach $Z_{j_x}^{Sg_i}$ um, erhält man für die Gesamtanzahl der Arbeitskräfte $Z_{j_x}^{Pk}$, die in den produzierenden Bereichen an der Herstellung aller Sachgüter beteiligt sind, den Ausdruck:

$$Z_{j_x}^{Pk} = \sum_{i=1}^{n} Z_{j_x}^{Sg_i} = \sum_{i=1}^{n} \frac{M_{j_x}^{Sg_i}}{AP_{j_x}^{Sg_i} \cdot C_{j_x}^{Sg_i} \cdot D_{j_x}^{Sg_i}} \qquad (2)$$

---

[10]Gesamtheit der Unternehmen, die an der materiellen Realisierung eines Sachgutes beteiligt sind.

Die Gleichungen gelten gleichermaßen für eine geschlossene bzw. offene Volkswirtschaft. Aus den Gleichungen ist ersichtlich, dass sich die Arbeitsproduktivität umgekehrt proportional zur Anzahl der benötigten Arbeitskräfte verhält. Bei steigender Arbeitsproduktivität werden folglich weniger Arbeitskräfte für die Herstellung der gleichen Sachgütermengen $M_{j_x}^{Sg_i}$ benötigt, wenn die Größen $C_{j_x}^{Sg_i}$ und $D_{j_x}^{Sg_i}$ konstant bleiben. Aus den Gleichung resultiert weiterhin, dass die Einführung wissenschaftlich-technischer und technologischer Maßnahmen insbesondere dann starke Auswirkungen auf den Arbeitskräftebedarf haben, wenn durch diese Maßnahmen eine Steigerung der Arbeitsproduktivität bei vielen Sachgütern annähernd zeitgleich erfolgt.

Wettbewerb und Steigerung der Arbeitsproduktivität sind in profitorientierten Marktwirtschaften objektiv bedingt. Das gilt unabhängig davon, ob es sich um geschlossene oder offene Volkswirtschaften handelt. In geschlossenen profitorientierten Marktwirtschaften, die in der Gegenwart keine Rolle spielen, würde eine Steigerung der Arbeitsproduktivität bei gleichzeitiger Ausschöpfung des realen Inlandsbedarfs[11] an Sachgütern und Dienstleistungen zur Freisetzung von Arbeitskräften und allmählichen Schrumpfung der Volkswirtschaft führen. Etwas anders, aber ähnlich verhält es sich bei offenen Volkswirtschaften, zwischen denen beschränkte bzw. unbeschränkte Austauschbeziehungen bestehen. Offene, beschränkte Austauschbeziehungen liegen z.B. vor, wenn Zölle oder Änderungen der Währungsverhältnisse als Instrumente zum Schutz der eigenen Industrie vor ausländischer Konkurrenz eingesetzt wer-

---

[11]Der reale Inlandsbedarf widerspiegelt den Bedarf an Sachgüter, für deren Kauf die erforderlichen finanziellen Mittel bei den Käufern vorhanden sind. Im Gegensatz dazu ist der fiktive Inlandsbedarf ein Wunschbedarf, der real vorhanden ist, aber nicht befriedigt werden kann, weil die dazu erforderlichen finanziellen Mittel bei den potentiellen Käufern fehlen.

den. Sind in diesem Fall die Export-Import-Bilanzen nicht ausgeglichen, werden sich die schwächeren Länder immer mehr verschulden, wenn sie den Lebensstandard Ihrer Bevölkerung auf gleichem Niveau halten wollen, wie in den ökonomisch stärkeren Ländern. Ein Abbau der Schulden hat unter diesen Bedingungen eine Absenkung des Lebensstandards, d.h. eine Verringerung des realen Bedarfs an Sachgütern und Dienstleistungen in den schwächeren Volkswirtschaften zur Folge, was deren Schrumpfung und damit die Freisetzung von Arbeitskräften nach sich zieht. Eine Befreiung aus der Schuldenfalle könnte nur durch die Produktion und Bereitstellung von international konkurrenzfähigen Sachgütern in erforderlicher Menge und Qualität für den Export erfolgen, und das auch nur dann, wenn ein Exportüberschuss erzielt wird. Unterstützend dabei kommen Dienstleistungen, wie z.B. Tourismus in Betracht. Kleinere Volkswirtschaften ohne entsprechendes wissenschaftlich-technisches und technologisches Potential werden in der Regel nicht in der Lage sein diese Schwierigkeiten zu überwinden. Soziale Spannungen und Unruhen sind unter diesen Bedingungen in diesen Ländern zu erwarten.

Im Falle offener, unbeschränkter Austauschbeziehungen zwischen Volkswirtschaften in Bezug auf Güter, Finanzen, Kapital und Arbeitskräfte, die außerdem noch über eine gemeinsame Währung und einen gemeinsamen Binnenmarkt verfügen, wie die Mitgliedsländer der Europäische Union, stehen die Unternehmen dieser Länder im unmittelbaren Konkurrenzkampf, infolge dessen die effektiveren Volkswirtschaften immer mehr Marktanteile gewinnen, während die schwächeren Volkswirtschaften sich zunehmend verschulden, vor allem dann, wenn sie den Lebensstandard ihrer Bevölkerung aufrecht erhalten wollen. Hier hilft auch keine Privatisierung staatlicher Wirtschaftseinheiten in den ökonomisch schwachen Ländern, um dieser Entwicklung Einhalt zu gebieten. Im Ergebnis der ungleichmäßigen ökonomischen Entwicklung, der unterschiedlichen Größe und Leistungsfähigkeit der Volkswirtschaften sowie auf Grund der Freisetzung von Arbeitskräften durch die Steigerung der Arbeitsproduktivität, unter anderem eine Folge der Digitalisierung, werden sich die sozio-ökonomischen Unterschiede zwischen den einzelnen Ländern, verstärkt durch die Globalisierung und die Schaffung von Freihandelszonen, drastisch verstärken. Dieser Prozess ist gegenwärtig nicht nur in den Mitgliedsländern der Europäischen Union sondern weltweit zu beobachten. Beispiele dafür sind:

- die hohe Verschuldung sowie die katastrophale sozio - ökonomische Situation in Griechenland,
- die hohe Arbeitslosigkeit, insbesondere unter den Jugendlichen in Griechenland, Italien, Spanien und Portugal,
- die Zunahme der Befürworter eines Austritt aus der EU in Frankreich, Italien und den Niederlanden,
- der Austritt Großbritanniens aus der Europäischen Union,
- national-egoistische Tendenzen in den USA, die ihren konzentrierten Ausdruck in der Aussage des Präsidenten „America first" finden,
- die Flüchtlingsströme aus Krisengebieten und armen Ländern.

Es sieht fast so aus, dass man in einigen Ländern der EU, wie z.B. in Großbritannien, Ungarn und Polen sowie in den USA der Auffassung ist, dass sich mit nationalistischen Alleingängen die in diesen Ländern anstehenden sozio-ökonomischen Probleme lösen lassen. Im Zusammenhang damit sei daran erinnert, dass weder in einer geschlossenen noch in einer offenen profitorientierten Marktwirtschaft soziale Gerechtigkeit für alle, im Sinne von Chancengleichheit und sozialer Sicherheit, in der Tendenz dauerhaft gewährleistet werden kann. Unter diesem Aspekt sind national-egoistische Alleingänge von Staaten von vornherein zum Scheitern verurteilt. Die Ursachen dafür liegen in der Systemorganisation des Kapitalismus, d.h. einer profitorientierten Marktwirtschaft, deren Aufbau- und Ablauforganisation sich auf dem Privateigentum an Produktionsmitteln gründet. In ökonomisch erfolgreichen kapitalistischen Ländern kann eine Umverteilung von Oben nach Unten zwischenzeitlich, auch für eine längere Periode, die sozialen Ungerechtigkeiten wie Arbeitslosigkeit, Kinderarmut, Leiharbeit, unterschiedliche Entlohnung für gleiche Arbeitsleistung und Abhängigkeit der Chancen auf Bildung vom sozialen Status, um nur einige zu nennen, abmildern aber nicht beheben. In diesem Zusammenhang ist auch das bedingungslose Grundeinkommen zu sehen, das am Ende auch nur eine Umverteilung von Oben nach Unten ist und den Status quo in Bezug auf soziale Ungerechtigkeit zementieren würde. Es versteht sich von selbst, dass einer Umverteilung durch die Höhe der Einnahmen des Staates, d.h. durch den Umfang der staatlichen Abgaben, Grenzen gesetzt sind. Bekanntlich sind Steuern, die aus den unterschiedlichsten Quellen gespeist werden, der wesentliche Bestandteil der staatlichen Abgaben. Steuerquellen sind u.a. die Einkommenssteuer, Körperschaftssteuer und Gewerbesteuer. Die Höhe der Einnahmen des Staatskomplexes aus diesen Steuerquellen ist eine Funktion des Beschäftigungsgrades bei Arbeitnehmern und des Umfangs der Nachfrage nach Sachgütern und Dienstleistungen. Es ist offensichtlich, dass bei einem Anstieg der Arbeitslosigkeit und einem Rückgang der Nachfrage nach Sachgütern und Dienstleistungen die Steuereinnahmen sinken und folglich weniger finanzielle Mittel für soziale Leistungen zur Verfügung stehen. Eine detaillierte Darstellung dieser Sachverhalte habe ich aus meiner Sicht in „Ratio versus Profit" beschrieben.

4 Vorstellungen über einen sozio - ökonomischen Paradigmenwechsel

Der größte Traum der Menschheit, in einem Gemeinwesen zu leben, in dem Freiheit, Gleichheit vor dem Gesetz und soziale Sicherheit für alle Mitglieder des Gemeinwesens zum Alltag gehören, ist wahrscheinlich so alt, wie die menschliche Zivilisation selbst. Alle Bestrebungen in der Vergangenheit bis in die Neuzeit sind an einer Verwirklichung dieser Zielstellung gescheitert.

Der Mensch ist ein vernunftbegabtes Wesen, um so erstaunlicher ist es, dass er bisher nicht in der Lage war ein derartiges Gemeinwesen zu organisieren. Die Vermutung liegt nahe, dass wir bestimmte gesamtgesellschaftlich wirksame Einflussfaktoren und deren Zusammenwirken bei der Gestaltung unseres Zusammenlebens außer Acht gelassen und objektive Erfordernisse für eine solche Umgestaltung nicht erkannt bzw. ignoriert haben.

Wir haben gesehen, dass weder eine Planwirtschaft im Wettbewerbsumfeld profitorientierter Marktwirtschaften noch eine profitorientierte Marktwirtschaft selbst in der Lage sind die Entwicklung einer Volkswirtschaft auf Dauer krisenfrei zu gestalten. Es bleibt uns offensichtlich nichts anders übrig als Veränderungen in der Systemorganisation profitorientierter Marktwirtschaften derart vorzunehmen, dass

- umfassende Freiheit für den Einzelnen und soziale Gerechtigkeit für alle im Sinne von Chancengleichheit und sozialer Sicherheit dauerhaft zum Tragen kommen,

- soziale Gleichmacherei und Langzeitarbeitslosigkeit vermieden werden,

- Dynamik und Effektivität profitorientierter Marktwirtschaften bei der Entwicklung und Einführung von Sachgütern und Dienstleistungen erhalten bleiben

27

und diese Zielsetzungen im Rahmen demokratischer Veränderungen erreichbar sind.

Im Zusammenhang damit ist auch zu klären, wie die Eigentumsverhältnisse bezüglich der Produktionsmitteln zwecks Behebung von Arbeitslosigkeit und sozialer Ungerechtigkeit aus heutiger Sicht unter Beachtung des Entwicklungsstandes der Produktivkräfte umzugestalten sind, und ob unter bestimmten system-organisatorischen Voraussetzungen die Freiheit zur Gründung privater Unternehmungen als eine Grundvoraussetzung für ein sich erfolgreich und dynamisch entwickelndes Gemeinwesen gewährleistet sein muss. Dieser Problematik und dem notwendigem Paradigmenwechsel in der zukünftigen Gesellschaftsentwicklung ist dieses Kapitel gewidmet.

Zu den wesentlichen Voraussetzungen für einen erfolgreichen sozio-ökonomischen Paradigmenwechsel in einer geschlossenen profitorientierten Volkswirtschaft - auf die Besonderheiten offener Volkswirtschaften komme ich später zu sprechen - gehören aus meiner Sicht u.a. folgende Maßnahmen, die ich auch als Rationalisierungsmaßnahmen für eine geschlossene Marktwirtschaft bezeichne:

1. Ausnahmslose Durchsetzung des Primats der Politik unter dem Aspekt: Gemeinnutz geht vor Eigennutz.

2. Monopolisierung der Geldwirtschaft in den Händen des Gemeinwesens.

3. Zinslose Gestaltung der Geldwirtschaft.

4. Unterbindung jeglicher Art von Spekulationsgeschäften.

5. Vermeidung von Lobbyismus.

6. Strafrechtliche Verfolgung von Korruption.

7. Kontrollierte Zulassung von privatwirtschaftlich und nicht privatwirtschaftlich organisierten Wirtschaftseinheiten.

8. Vermeidung von Monopolbildungen im Produktions- und Dienstleistungsbereich.

9. Begrenzung der Unternehmensgrößen auf ein solches Maß, dass Insolvenzen keine gesamtgesellschaftlichen Auswirkungen hervorrufen können.

10. Garantiertes Recht auf Arbeit.

11. Verpflichtung aller arbeitsfähigen Personen einer Erwerbstätigkeit nachzugehen, wenn sie anderenfalls dem Gemeinwesen zur Last fallen würden.

12. Garantiertes Recht auf kostenlose Aus- und Weiterbildung in allen Bereichen des Bildungswesens.

13. Garantiertes Recht auf kostenlose Betreuung der Kinder in Kinderkrippen und Kindergärten.

14. Festlegung von Mindestlohn, Mindestrente und sozialen Fördermaßnahmen in einer solchen Höhe, dass allen Mitgliedern des Gemeinwesens eine individuelle Teilhabe am gesellschaftlichen, kulturellen und politischen Leben ermöglicht wird.

15. Das Steuerrecht ist an die neuen ökonomischen Gegebenheiten so anzupassen, dass sich ein Engagement in Wirtschaft und Gesellschaft für den Einzelnen lohnt.

16. Dem Umweltschutz ist eine zentrale Rolle beizumessen.

17. Entscheidungsträger in den Verwaltungsorganen des Gemeinwesens müssen Ihre Eignung für die jeweilige Funktion gegenüber einem gewählten Gremium nachweisen. Sie müssen jederzeit von ihren Funktionen entbunden werden können, wenn sie den vom Gemeinwesen gestellten Anforderungen nicht gerecht werden.

Als Ausgangspunkt für die nachfolgenden Betrachtungen wähle ich das Geld, dem als weltweit anerkanntes, universelles Tauschmittel eine fundamentale Bedeutung in den Austauschprozessen der Volkswirtschaften zukommt. Mit Hilfe des Geldes wird nicht nur der Austausch von Waren und Dienstleistungen, sonder auch die Vergabe von Krediten problemlos ermöglicht. Geld ist das Blut der Volkswirtschaft. Es verbindet die unterschiedlichsten Strukturen und Bereiche der Volkswirtschaft organisch miteinander und gewährleistet auf diese Weise ihren sozio-ökonomischen Bestand. Ohne Geld kommen alle ökonomischen Prozesse in einem stark arbeitsteilig organisierten Gemeinwesen zum Erliegen. Wer über das Geld verfügt hat unmittelbaren Einfluss auf die Entwicklung der gesamten Volkswirtschaft. Daraus folgt, dass die Verwaltung des Geldes ausnahmslos so erfolgen muss, dass sowohl die sozio-ökonomischen Vorhaben und Aufgaben des Gemeinwesen als auch der Privatwirtschaft umgesetzt werden können. Dabei sollte immer der Grundsatz gelten: Gemeinnutz geht vor Eigennutz. Das hat zur Voraussetzung, dass die Verwaltung des Geldes einzig und allein in den Händen des Gemeinwesens liegt.

Eine Monopolisierung der gesamten Finanzwirtschaft in den Händen des Gemeinwesens hat u.a. folgende Maßnahmen zur Voraussetzung:

- Gründung einer Zentralbank mit allen erforderlichen Vollmachten zur Bereitstellung und Verwaltung des Geldes.

- Schaffung eines umfangreichen Netzes an Filialen der Zentralbank, insbesondere zur Vergabe von Krediten an Unternehmen und Privatpersonen.

- Zinslose Gestaltung der gesamten Geld- und Kreditwirtschaft.

- Kontrollierte Bereitstellung der Geldmengen in einem solchen Umfang, dass die Wirtschaftskreisläufe stabil aufrecht erhalten bleiben.

- Kontrolle der Arbeitsweise der Zentralbank und deren Filialen durch das Parlament.

- Abschaffung der Privatbanken, Börsen und sonstiger privatwirtschaftlich tätiger Finanzinstitutionen.

- Erarbeitung und Inkraftsetzung aller erforderlichen gesetzlichen Regelungen und Vorschriften zur Durchführung finanzwirtschaftlicher Aktivitäten.

Die Monopolisierung der Finanzwirtschaft in den Händen des Gemeinwesens eröffnet für Unternehmen, Privatpersonen und die gesamte Volkswirtschaft neue ökonomische Verfahrensweisen, die mit drastischen Veränderungen u.a. in der Zins-, Steuer- und Einkommenspolitik verbunden sind und eine dauerhafte Stabilisierung des Wirtschaftsgeschehens ermöglichen.

Die zinslose Vergabe von Krediten an Unternehmen und Privatpersonen hat eine bedeutende finanzielle Entlastung der Kreditnehmer bei der Vornahme von Investitionen zur Folge, z.B. bei der Gründung bzw. Modernisierung von Unternehmen bzw. der Schaffung von Wohneigentum. Durch die Festlegung von Mindestlohn, Mindestrente und sozialen Fördermaßnahmen können Chancengleichheit und soziale Sicherheit für alle dauerhaft gewährleistet werden. Die zinslose Vergabe von Krediten ist an die Erfüllung von Kriterien in Bezug auf die Kreditwürdigkeit der Kreditnehmer gebunden. Art und Umfang der einzuhaltenden Kriterien sind durch die Filialen der Zentralbank sachspezifisch vorzugeben und mit den Kreditnehmern abzustimmen. Dabei ist zu prüfen, ob die Vorhaben der Kreditnehmer den jeweils zutreffenden gesetzlichen Anforderungen genügen. Insbesondere ist über Risikoanalysen zu bewerten, ob die Rückzahlungsmodalitäten für die Kredite eingehalten werden können. Selbstverständlich muss die Zentralbank auch für die Übernahme von Risiken bei zukunftsträchtigen Entwicklungen und Investitionen bereit sein. Da die Zentralbank u.a. auch die Funktion einer Emissionsbank ausübt, können Kredite in beliebiger Höhe bereitgestellt werden.

Im Zuge des Paradigmenwechsels ist die kontrollierte Zulassung von privatwirtschaftlich und nicht privatwirtschaftlich organisierten Wirtschaftseinheiten vorgesehen. Privatwirtschaftlich sollten vor allem Produktions- und Dienstleistungsunternehmen tätig werden, die objektiv bedingt am profitorientierten Wettbewerb bei der Entwicklung und marktreifen Einführung von Produkten und Dienstleistungen teilnehmen. Die Bereitstellung gesamtgesellschaftlich relevanter Dienstleistungen wie die Energie- und Wasserversorgung, die Organisation des Umweltschutzes, das Gesundheits-, Bildungs-, Versicherungs- und öffentliches Verkehrswesen, um nur einige zu nennen, sollten in der Hand des Gemeinwesens liegen. Welche Unternehmen privatwirtschaftlich tätig werden können, und welche Unternehmen durch das Gemeinwesen verwaltet werden sollen, ist auf demokratischem Wege durch das Parlament des Gemeinwesens festzulegen.

Die breite Zulassung privatwirtschaftlich organisierter Produktions- und Dienstleistungsunternehmen, d.h. die Zulassung von Privateigentum an Produktionsmitteln, ermöglicht einen dynamischen Wettbewerb bei der Entwicklung und Bereitstellung neuer Produkte und Dienstleistungen. Die Unternehmen sind verpflichtet die oben erwähnten Mindestlöhne zu zahlen, können aber auch die Arbeitnehmer durch Lohnerhöhungen und Sonderzahlungen verstärkt an das Unternehmen binden. Der Arbeitnehmer wird unter diesen Bedingungen von sich heraus an einer erfolgreichen Entwicklung des Unternehmens interessiert sein. Die Unternehmensgewinne werden situationsbedingt durch den Unternehmer für Investitionen in das vorhandene Unternehmen, in die Gründung neuer Unternehmen, in Unternehmenszukäufe und/oder in privates Einkommen unter Beachtung der steuerlichen Regelungen umgewandelt. Dabei sind den Unternehmen folgende Beschränkungen aufzuerlegen:

- Vermeidung von Monopolbildungen im Produktions- und Dienstleistungsbereich,

- Begrenzung der Unternehmensgrößen auf ein solches Maß, dass Insolvenzen keine gesamtgesellschaftlichen Auswirkungen hervorrufen können,

- Unterbindung jeglicher Art von Spekulationsgeschäften.

Gewinne, die keiner steuerfreien Verwendung zugeführt werden, sind angemessen so zu versteuern, dass der Privatunternehmer an der Gründung bzw. Fortführung von Unternehmen interessiert bleibt und gleichzeitig dem Umstand Rechnung getragen wird, dass die erwirtschafteten Gewinne das Ergebnis einer kollektiven Tätigkeit sind. Entsprechende Regelungen dazu sind durch den Gesetzgeber in Kraft zu setzen.

Infolge des profitorientierten Wettbewerbs werden in Produktions- und Dienstleistungsunternehmen Arbeitskräfte freigesetzt, die nach Umschulungs- und Weiterbildungsmaßnahmen in die Unternehmen bzw. Verwaltungsorgane des Gemeinwesens zu integrieren sind, wenn privatwirtschaftlich keine Beschäftigungsmöglichkeiten mehr für diesen Personenkreis bestehen. Parallel dazu ist eine systematische Verkürzung der Arbeitszeit bei Beibehaltung der Löhne ins Auge zu fassen. Diese Verfahrensweise ermöglicht ein garantiertes Recht auf Arbeit. Gleichzeitig sind alle erwerbsfähigen Personen verpflichtet einer Erwerbstätigkeit nachzugehen. Diese Verpflichtung ist als Grundsatzregelung zu verstehen. Ausnahmen davon sind durch den Gesetzgeber zu regeln.

Die für das Gemeinwesen erforderlichen finanziellen Mittel für Renten und Gesundheitsleistungen, die Kinderbetreuung und das Bildungswesen, für kostspielige Forschungen und Entwicklungen sowie für eine Vielzahl von Investitionen in das Sozialwesen könnten jederzeit durch Geldemissionen der Zentralbank in Ergänzung der Einnahmen aus Steuern bereit gestellt werden.

Die Erhebung von Steuern sollte aus meiner Sicht in erster Linie bei Arbeitseinkommen, Unternehmensgewinnen, Vermögen, Erbschaften und Schenkungen erfolgen. Auf eine Vielzahl anderer Steuereinnahmen könnte verzichtet werden. Es versteht sich von selbst, dass bei einem derartigen Paradigmenwechsel ein neues Steuerrecht in Kraft zu setzen ist.

Eine geschlossene Volkswirtschaft, die einen Paradigmenwechsel unter Beachtung der oben genannten Rationalisierungsmaßnahmen vollzieht, bezeichne ich als geschlossene rationale Marktwirtschaft.

In der Übergangsphase von einer profitorientierten in eine rationale Marktwirtschaft sowie bei deren Gestaltung ist dem zentralen Verwaltungsorgan des Gemeinwesens, d.h. dem Staat, eine besondere Bedeutung beizumessen, was sich logischerweise aus der Monopolisierung der Geldwirtschaft in den Händen des Gemeinwesens ergibt. Infolge der Monopolisierung wird das Geld zu einem echten Steuerungsinstrument der Volkswirtschaft. Es kann der Volkswirtschaft in beliebiger Menge zur Verfügung gestellt und insbesondere gezielt für die Förderung gesamtgesellschaftlich notwendiger Maßnahmen und Zielsetzungen eingesetzt werden. Entscheidende Voraussetzungen für eine gezielte, kontrollierte und rückverfolgbare Steuerung der Geldflüsse in einer rationalen Marktwirtschaft sind die Unterbindung jeglicher Art von Spekulationsgeschäften und Lobbyismus, sowie die strafrechtliche Verfolgung von Korruption.

Die bisher beschriebenen Maßnahmen für den Übergang einer profitorientierten in eine rationale Marktwirtschaft gelten nur für den Fall einer geschlossenen Volkswirtschaft, können jedoch, wie wir gleich sehen werden, ergänzt mit zusätzlichen Maßnahmen, komplett auf offene Volkswirtschaften übertragen werden.

Der Übergang einer einzelnen offenen profitorientierten Marktwirtschaft in eine offene rationale Marktwirtschaft in einem Umfeld von offenen profitorientierten Marktwirtschaften ist aus objektiven Gründen infolge der nicht kompatiblen Organisationsstrukturen und Verfahrensweisen ausgeschlossen. Der Versuch eines derartigen Übergangs würde zu einer Abkapselung der Volkswirtschaft von der Weltwirtschaft und den ökonomischen Globalisierungsprozessen führen. Es bedarf keiner weiteren Erläuterungen, dass ein solches Vorhaben zum Scheitern verurteilt wäre. Die Globalisierungsprozesse zeigen uns deutlich, dass die Volkswirtschaften der Welt sich immer mehr verzahnen und aufeinander angewiesen sind. Davon zeugen die finanziellen Verflechtungen der Volkswirtschaften, die Ländergrenzen überschreitenden Investitionen, der weltweite Abschluss von bilateralen und multilateralen Handelsabkommen und nicht zuletzt die Migrationsströme von Arbeitnehmern. Allein diese Prozesse sind ein Hinweis darauf, dass die Welt nicht teilbar ist. Die Ursachen dafür sind u.a. in der ungleichmäßigen Verteilung der Rohstoffe und in den sehr unterschiedlichen klimatischen Bedingungen in den einzelnen Regionen der Erde zu suchen. Die ungleichmäßige Entwicklung der Volkswirtschaften führte dazu, dass die Weltwirtschaft von einigen wenigen Volkswirtschaften dominiert wird. Das legt den Gedanken nahe zu prüfen, ob ein Paradigmenwechsel im Sinne eines gleichzeitigen Übergangs der dominierenden Volkswirtschaften von profitorientierten Marktwirtschaften in eine gemeinsame rationale Marktwirtschaft möglich erscheint. Diesem Thema ist der nächste Abschnitt gewidmet.

5 Der Übergang offener profitorientierter Volkswirtschaften in eine gemeinsame rationale Marktwirtschaft

Die sich verschärfenden sozio-ökonomischen Widersprüche zwischen den Volkswirtschaften der Welt sind zum gegenseitigen Vorteil der Länder nicht lösbar, solange eine profitorientierte Marktwirtschaft die dominierende Wirtschaftsorganisationsform ist. Dieser Umstand findet seine konkrete Bestätigung in den extrem unausgeglichenen Handelsbilanzen zwischen den Ländern, in der verstärkt ungleichmäßigen Entwicklung der Volkswirtschaften, in den weltweiten militärischen Auseinandersetzungen mit den daraus resultierende katastrophalen Folgen für die Menschen in diesen Gebieten, in der Zunahme von Arbeitslosigkeit, Armut und sozialer Ungerechtigkeit in vielen Ländern der Welt, um nur einige Missstände anzuführen. Auch in der Europäischen Union führt die ungleichmäßige ökonomische Entwicklung zu Spannungen zwischen den Mitgliedsländern und zu den bereits vielfach beschriebenen sozioökonomischen Verwerfungen in einigen Ländern der Union.

Ein Lösungsansatz zur Behebung dieser objektiv bedingten sozio-ökonomischen Widersprüche wäre eine abgestimmte, gemeinsame und systematische Vorgehensweise der ökonomisch führenden Ländern der Welt zur Vollziehung eines Paradigmenwechsels in Richtung einer gemeinsamen rationalen Marktwirtschaft. Dazu wären aus meiner Sicht folgende Rationalisierungsmaßnahmen geeignet:

1. Gründung eines integralen Gemeinwesens der beteiligten Länder mit einem obersten Verwaltungsorgan und nachgeordneten Organisationseinheiten zur Lenkung und Leitung des Übergangsprozesses von profitorientierten Markt-

wirtschaften zu einer gemeinsamen rationalen Marktwirtschaft.

2. Gründung eines gemeinsamen Parlaments, bestehend aus Vertretern der beteiligten Länder.

3. Monopolisierung der Geldwirtschaft in den Händen des obersten Verwaltungsorgans des integralen Gemeinwesens.

4. Abschaffung der Privatbanken, Börsen und sonstiger privatwirtschaftlich tätiger Finanzinstitutionen.

5. Gründung einer Zentralbank mit allen erforderlichen Vollmachten zur Bereitstellung und Verwaltung des Geldes. Schaffung eines umfangreichen Netzes an Filialen der Zentralbank, insbesondere zur Vergabe von Krediten an Unternehmen und Privatpersonen.

6. Überwachung und Kontrolle der Tätigkeit des obersten Verwaltungsorgans und der Zentralbank durch das Parlament.

7. Vereinheitlichung der nationalen Gesetzgebungen, vorrangig zum Wirtschafts- und Steuerrecht, sowie zum Banken-, Finanz-, Bildungs- und Sozialwesen.

8. Ausnahmslose Durchsetzung des Primats der Politik unter dem Aspekt: Gemeinnutz geht vor Eigennutz.

9. Erarbeitung und Inkraftsetzung aller erforderlichen gesetzlichen Regelungen und Vorschriften zur Durchführung finanzwirtschaftlicher Aktivitäten.

10. Zinslose Gestaltung der Geldwirtschaft.

11. Unterbindung jeglicher Art von Spekulationsgeschäften.

12. Vermeidung von Lobbyismus.

13. Strafrechtliche Verfolgung von Korruption.

14. Kontrollierte Zulassung von privatwirtschaftlich und nicht privatwirtschaftlich organisierten Wirtschaftseinheiten.

Privatwirtschaftlich organisierte Unternehmen sind vorrangig in jenen Wirtschaftsbereichen zuzulassen, in denen ein sinnvoller Wettbewerb stattfinden kann.

15. Vermeidung von Monopolbildungen im Produktions- und Dienstleistungsbereich.

16. Begrenzung der Unternehmensgrößen auf ein solches Maß, dass Insolvenzen keine gesamtgesellschaftlichen Auswirkungen hervorrufen können.

17. Garantiertes Recht auf Arbeit.

18. Verpflichtung aller arbeitsfähigen Personen einer Erwerbstätigkeit nachzugehen, wenn sie anderenfalls dem Gemeinwesen zur Last fallen würden.

19. Garantiertes Recht auf kostenlose Aus- und Weiterbildung in allen Bereichen des Bildungswesens.

20. Garantiertes Recht auf kostenlose Betreuung der Kinder in Kinderkrippen und Kindergärten.

21. Festlegung von Mindestlohn, Mindestrente und sozialen Fördermaßnahmen in einer solchen Höhe, dass allen Menschen in den beteiligten Ländern eine individuelle Teilhabe am gesellschaftlichen, kulturellen und politischen Leben ermöglicht wird.

22. Das Steuerrecht ist an die neuen ökonomischen Gegebenheiten so anzupassen, dass sich ein Engagement in Wirtschaft und Gesellschaft für den Einzelnen lohnt.

23. Dem Umweltschutz ist eine zentrale Rolle beizumessen.

24. Entscheidungsträger in den Verwaltungsorganen und nachgeordneten Organisationseinheiten müssen Ihre Eignung für die jeweilige Funktion gegenüber einem gewählten Gremium nachweisen. Sie müssen jederzeit von ihren Funktionen entbunden werden können, wenn sie den gestellten Anforderungen nicht gerecht werden.

Dieser sozio-ökonomische Umgestaltungsprozess der Gemeinwesen in den beteiligten Länder kann auf demokratischem und friedlichem Wege erfolgen, weil er weder auf die Einführung einer diktatorischen Organisationsform noch auf die Abschaffung des Privateigentums an Produktionsmitteln gerichtet ist. Es wird zwar Reiche aber keine Armen geben. Interessant in diesem Zusammenhang ist, dass über Spekulationsgeschäfte kein Reichtum mehr generiert werden kann, da sich Börsen und privatwirtschaftlich tätige Finanzinstitutionen erübrigen. Erforderliche Finanzmittel können in beliebiger Höhe durch die Zentralbank und ihre Filialen für Unternehmen und Privatpersonen bereitgestellt werden. Die konsequente Umsetzung der obigen Maßnahmen ermöglicht einen dynamischen, den jeweiligen Erfordernissen angepassten Steuerungsprozess der Volkswirtschaft, ohne dass sich die Verwaltungsorgane des integralen Gemeinwesens verschulden müssen. Hervorzuheben ist, dass der Wettbewerb in den privatwirtschaftlich organisierten Wirtschaftseinheiten in keinerlei Weise eingeschränkt wird. Im Gegenteil, durch die Bereitstellung zinsloser Kredite wird die Gründung von Unternehmen jeglicher Art gefördert, wenn deren Zielsetzungen im Interesse des integralen Gemeinwesens liegen. Diese Herangehensweise korrespondiert mit meiner Auffassung von Freiheit im Sinne von Handlungsfreiheit für den Einzelnen bzw. von Personengruppen in allen Lebensbereichen einer menschlichen Gemeinschaft, insofern Anderen kein Schaden zugefügt wird und die Interessen des integralen Gemeinwesens sowie die Anforderungen an den Umweltschutz nicht verletzt werden. Dieses Freiheitsverständnis könnte als universelles Bezugssystem bei der Bewertung von Entscheidungen auf gesellschaftliche Akzeptanz herangezogen werden. Die lebendige Umsetzung und Aufrechterhaltung dieser Freiheitsauffassung hat die konsequente und umfassende Einhaltung von gesamtgesellschaftlich akzeptierten Rahmenbedingungen und Verfahrensweisen zur Voraussetzung. Dazu zählen insbesondere:

- Sicherung der Gewaltenteilung zwischen Exekutive, Legislative und Judikative.
- Herbeiführung politischer Entscheidungen des Gemeinwesens über Volksentscheide bzw. auf parlamentarischem Wege.
- Umfassende Sicherung der Grundrechte.
- Gewährleistung von Presse-, Meinungs- und Rundfunkfreiheit.
- Durchführung allgemeiner, gleicher, freier und geheimer Wahlen.

Ein Gemeinwesen, das diesen Ansprüchen genügt, erfüllt die Anforderungen an eine Demokratie.

Bei der Herbeiführung von Entscheidungen, die die Modalitäten des Zusammenlebens der Menschen in einem Gemeinwesen und dessen Sicherheit betreffen, sollte durch die Entscheidungsbefugten immer überprüft werden, ob diesem Freiheitsverständnis entsprochen wird. Dabei muss der Grundsatz gelten: Gemeinnutz geht vor Eigennutz.

Dieses Freiheitsverständnis könnte als Bezugssystem bei allen Einzelentscheidungen im Zusammenhang mit dem beschriebenen Paradigmenwechsel zur Anwendung kommen.

6 Wie realistisch ist ein Paradigmenwechsel in Richtung einer rationalen Marktwirtschaft?

Die Notwendigkeit eines sozio-ökonomischen Paradigmenwechsels resultiert allein schon aus der Entwicklung der Produktivkräfte, d.h. aus dem Zusammenwirken des Menschen mit den Produktionsmitteln. Zu den Produktionsmitteln zählen bekanntlich Betriebsmittel wie Maschinen, Vorrichtungen und Werkzeuge sowie Werkstoffe. Die Produktivkräfte „Mensch" und „Produktionsmittel" beeinflussen sich wechselseitig, sie bilden eine dialektische Einheit. Infolge des auf Profit orientierten Wettbewerbs sind die Unternehmen gezwungen die Qualität ihrer Erzeugnisse bei gleichzeitiger Senkung der Produktionskosten in Abhängigkeit von Angebot und Nachfrage zu gestalten. Im Zusammenhang damit entwickelt der Mensch die Einsatzmöglichkeiten der Produktionsmittel derartig weiter, dass sich der Bedarf an Arbeitskräften in den Produktions- und Dienstleistungsbereichen tendenziell verringert. Ein Paradebeispiel dafür ist der gesellschaftsweite Vormarsch der Robotertechnik, der zu einer bisher nie gekannten Freisetzung von Arbeitskräften in allen Bereichen der Volkswirtschaft führen wird. Der Mensch setzt objektiv alles daran, um sich unter den aktuellen Produktionsverhältnissen, d.h. einer profitorientierten Marktwirtschaft auf Basis des Privateigentums an Produktionsmitteln, überflüssig zu machen. Die Menschheit ist auf dem besten Wege Roboter zu schaffen und einzuführen, die über soviel künstliche Intelligenz und physische Fertigkeiten verfügen, dass sich der Mensch von routinemäßigen physischen und geistigen Tätigkeiten weitestgehend befreien kann. Es ist nur eine Frage der Zeit, bis davon alle Lebensbereiche der Menschheit erfasst werden.

Stellen wir uns vor, dass unter den Bedingungen einer profitorientierten Marktwirtschaft die Mehrzahl der Mitarbeiter in Produktions- und Dienstleistungsunternehmen durch Roboter ersetzt wird. Unser Gesellschaftssystem würde umgehend zusammenbrechen, weil zwar alle Waren und Dienstleistungen bereitgestellt werden könnten, aber die Anzahl der potentiellen Käufer aus finanziellen Gründen drastisch schrumpfen würde. Die Produktivkraft „Mensch" befindet sich folglich in einem antagonistischen Widerspruch zu den Produktionsverhältnissen. Wenn der gesellschaftliche Status des Privateigentums an Produktionsmitteln, d.h. der Privatunternehmen, nicht auf neue Art und Weise in die Wirtschaftsorganisation des Gemeinwesens eingebettet wird, ist eine weitere Entwicklung der Produktivkraft „Mensch" objektiv ausgeschlossen.

Die zunehmende Einführung von Robotern in die Produktions- und Dienstleistungsprozesse führt notwendigerweise ab einem bestimmten Zeitpunkt nicht nur zu einer notwendigen Umgestaltung der Produktionsverhältnisse, sondern erfordert auch eine Änderung in der gesamtgesellschaftlichen Umverteilung. Eine neue Qualität des gesellschaftlichen Miteinanders ist erforderlich, wenn die sozio - ökonomische Stabilität des Gemeinwesens und dessen weitere Entwicklung zum Wohle seiner Mitglieder gewährleistet werden sollen.

Eine Umgestaltung der Wirtschaftsverhältnisse, die diesen Anforderungen genügt, wäre aus meiner Sicht in Form einer rationalen Marktwirtschaft möglich, deren Grundzüge ich in den Kapiteln 4 und 5 beschrieben habe. Von entscheidender Bedeutung bei dieser Umorganisation ist das Zusammenspiel von privatwirtschaftlichen und gemeinschaftlichen Wirtschaftsunternehmen. Die Zulassung des Privateigentums an Produktionsmitteln ermöglicht vor allem die Gründung von Unternehmen auf privatwirtschaftlicher Basis, so dass dem Schöpferdrang des Einzelnen und der gesamtgesellschaftlichen Innovation keine Grenzen gesetzt sind, wenn diese im Einklang mit den Interessen des Gemeinwesens stehen. Dieser Prozess wird durch das Monopol auf die Finanzwirtschaft in den Händen des Staates, insbesondere durch die zinsfreie Gestaltung der Kreditwirtschaft, unterstützt und gefördert. Durch die Unterbindung jeglicher Art von Spekulationsgeschäften und die Abschaffung der privaten Finanzwirtschaft wird das Geld zu einem echten Steuerungsinstrument der Volkswirtschaft im Interesse des gesamten Gemeinwesens. Aber auch der Umverteilungsmechanismus wird sich trotz einer umfangreichen Beibehaltung des Privateigentums an Produktionsmitteln auf natürliche Weise verändern. Das hängt u.a. damit zusammen, dass man als Privatunternehmer über wesentlich mehr finanzielle Mittel für private Zwecke als ein Arbeitnehmer verfügen kann, die sinnvolle Nutzung dieser Mittel für private Zwecke in einer rationalen Marktwirtschaft jedoch einer individuellen Sättigungsgrenze unterliegt, da Spekulationen jeglicher Art verboten sind. Wenn so ein Fall eintritt, bietet es sich für den Unternehmer an, eine Stiftung für gemeinnützige Zwecke einzurichten. Auf diese Weise kann er sich Achtung und Anerkennung des Gemeinwesens erwerben.

Durch die gezielte Zulassung von gemeinschaftlichen Wirtschaftsunternehmen können alle Arbeitskräfte aufgefangen werden, die in der Privatwirtschaft infolge des Wettbewerbs freigesetzt werden. Armut wird es nicht mehr geben, weil die Mindesteinkommen so zu bemessen sind, dass für alle Mitglieder des Gemeinwesen Chancengleichheit und soziale Sicherheit gewährleistet werden können. Eine entscheidende Rolle spielt dabei die Möglichkeit des Erwerbs von Wohneigentum durch alle, ohne dass dabei Gleichmacherei angezeigt ist.

Der aktuelle sozio - ökonomische Zustand der Welt, der durch eine sich verstärkende Ungleichmäßigkeit der ökonomischen und politischen Entwicklung einzelner Länder und Regionen gekennzeichnet ist, erfordert in naher Zukunft einen Paradigmenwechsel in erster Linie in den ökonomisch dominierenden Ländern der Welt, wenn verheerende soziale Turbulenzen und

Kriege, die denn ganzen Erdball überziehen könnten, vermieden werden sollen. Einer Vielzahl von aktuellen Information zu sozio - ökonomischen Entwicklungen kann man entnehmen, dass fast überall in der Welt die soziale Ungleichheit dramatisch zunimmt. Ich überlasse es dem Leser sich entsprechend zu informieren.

Auf jeden Fall kann man feststellen, dass aus objektiven ökonomischen, sozialen und ökologischen Gründen ein weltweiter Paradigmenwechsel in Ökonomie und Politik, beginnend in den führenden kapitalistischen Ländern, fällig ist. Soll der Paradigmenwechsel erfolgreich sein, muss er auf demokratischer Basis vollzogen werden und bei der überwiegenden Mehrheit der Menschen Akzeptanz und Unterstützung finden. Ich bin der Auffassung, dass die Rationalisierungsmaßnahmen für den Übergang offener profitorientierter Volkswirtschaften in eine gemeinsame rationale Marktwirtschaft (s. Seite 36) positiv dazu beitragen könnten einen solchen Paradigmenwechsel zu vollziehen.

Wer würde von einem solchen gesellschaftlichen Umbruch profitieren?

Es sind alle Jugendlichen, denen unter den gegebenen Bedingungen des Kapitalismus keine Entwicklungschancen geboten werden. Es sind aber auch alle Arbeitslosen und Geringverdiener, die weder soziale Sicherheit noch Chancengleichheit bei Beibehaltung der aktuellen Wirtschaftsorganisation jemals erfahren werden. An einer solchen Umgestaltung könnten alle Arbeitnehmer interessiert sein, weil sie dann weder Arbeitslosigkeit noch sozialen Abstieg fürchten müssten. Aber auch die überwiegende Mehrzahl der Unternehmen könnte eine derartige Umgestaltung der Wirtschaftsorganisation unterstützen, da einem freien Unternehmertum nichts im Wege steht, für das durch das Gemeinwesen Privateigentum an Produktionsmitteln zugelassen wurde.

Ist ein Paradigmenwechsel in der sozio - ökonomischen Organisation der Gemeinwesen in den wirtschaftlich dominierenden Ländern der Welt ein Wunschtraum oder objektive Notwendigkeit?

Ich hoffe, dass ich dem Leser mit meinen Ausführungen deutlich machen konnte, dass im Rahmen einer rein profitorientierten Marktwirtschaft die weltweit anstehenden wirtschaftlichen, humanitären und ökologischen Probleme keiner Lösung zugeführt werden können. Ein sich verstärkender objektiver Zwang für einen derartigen Paradigmenwechsel ist folglich gegeben, d.h. er wird eintreten, ob wir es wollen oder nicht, die Frage ist nur, wann und auf welche Art und Weise. Um den Paradigmenwechsel auf demokratischem Wege zu vollziehen, ist den subjektiven Voraussetzung für das Gelingen dieses Umgestaltungsprozesses große Bedeutung beizumessen. Insbesondere ist eine gesellschaftsweite Diskussion zu diesem Thema in Gang zu bringen und, um diesen Prozess zu lenken und zu leiten, sind die erforderlichen personell - organisatorischen Maßnahmen zu erarbeiten.

Wir haben gesehen, dass dem Privateigentum an Produktionsmitteln eine entscheidende Rolle bei der Gestaltung der Wirtschaftsorganisation zukommt. Wie sich das Privateigentum an Produktionsmittel und die Stellung der Menschen dazu zukünftig entwickeln werden, kann man nur erahnen. Denkbar ist, dass bis zu einer bestimmten Unternehmensgröße Privateigentum an Produktionsmitteln erhalten bleiben muss, um den Innovationsdruck bei der Entwicklung und Einführung von Produkten und Dienstleistungen auf Basis des unternehmerischen Wettbewerbs aufrecht zu erhalten. Es ist aber auch vorstellbar, dass Produktionsmittel, insbesondere multifunktionale Produktionsmittel[12], zur privaten Nutzung bis zu einer bestimmten Unternehmensgröße durch das Gemeinwesen

---

[12]Multifunktionale Produktionsmittel sind hochkomplexe Maschinen,

45

bereitgestellt werden. Das Gemeinwesen bliebe der Eigentümer, während der Unternehmer zum Besitzer, d.h. zum Nutzer der Produktionsmittel würde. Ab einer bestimmten Unternehmensgröße sollte das Gemeinwesen Anteilseigner an Unternehmen werden, um den Transfer von Arbeitskräften aus der Privatwirtschaft in Wirtschaftsunternehmen des Gemeinwesens zu koordinieren, wenn infolge der Steigerung der Arbeitsproduktivität bzw. von Insolvenzen Arbeitskräfte freigesetzt werden.

Eine entscheidende Wende beim Privateigentum an Produktionsmitteln wird dann mit Sicherheit eintreten, wenn es der Menschheit gelingt Roboter mit künstlicher Intelligenz zu schaffen, die aus sich heraus in der Lage sind eine innovative Produkt- und Dienstleistungsentwicklung zu vollziehen, so dass das Gemeinwesen nur noch über die Einführung der Entwicklungsergebnisse entscheiden muss. Unter diesen Bedingungen würde sich das Privateigentum an Produktionsmittel weitestgehend erübrigen. In den nächsten Jahrzehnten könnte eine derartige oder ähnliche Situation eintreten.

Das Sein bestimmt das Bewusstsein. Mit der Entwicklung der Produktionsmittel wird sich das Sein der Menschen und damit auch ihr Bewusstsein verändern. Die Frage ist nur, ob die Menschheit in der Lage ist den notwendigen Paradigmenwechsel rechtzeitig zu vollziehen.

Wer wäre besser geeignet der Menschheit Wege in eine friedliche, gemeinsame Zukunft aufzuzeigen als die Länder Europas mit ihrer kulturellen Vielfalt und ihren historischen Erfahrungen? Bei diesem gesellschaftlichen Wandel könnte die Europäische Union eine Vorreiterrolle spielen, wenn sich in allen Ländern der Union die Einsicht durchsetzt, dass Alleingängen in Ökonomie und Politik auf Dauer chancenlos sind.

Ausrüstungen und Anlagen, mit denen die Herstellung der unterschiedlichsten Produkte möglich ist. Ein Beispiel dafür sind 3D-Drucker.

Natürlich muss die Europäische Union noch starke Verbündete in anderen Regionen der Welt gewinnen, um diesen Weg beschreiten zu können. Noch haben wir die Chance auf demokratischem Wege diese organisatorischen Veränderungen in Angriff zu nehmen. Nur gemeinsam können wir die Welt zum Besseren verändern.

***

FSC
www.fsc.org
MIX
Papier | Fördert
gute Waldnutzung
FSC® C083411

Zeitfracht Medien GmbH
Ferdinand-Jühlke-Straße 7
99095 Erfurt, Deutschland
produktsicherheit@kolibri360.de